Rekru-Tier
www.rekrutier.de

„Wenn man im Network nur durch die Vervielfältigung der eigenen Arbeitskraft an das ganz große Geld kommt, warum berichten dann Networker und Vertriebler auf Messen so wenig von ihren unternehmerischen Möglichkeiten?"

Rekru-Tier
MLM Trickkiste

Rekrutierungsparadies
Messe

Wie Sie rausholen, was rauszuholen geht!

Inhalt

Vorwort 5

Messen: Geheimwaffe oder
hübscher Zeitvertreib? 9

Präsentieren Sie nicht nur Produkte,
sondern Chancen! 19

Warum Mega-Events für Sie Mager-Events
sein können 31

Sechs Guidelines für Ihren Messeauftritt 34

So entstehen die Menschentrauben
an Ihrem Stand 47

Den Systemnutzen kommunizieren 60

Tricks und Tipps zum Gelingen der Messe 65

Nachwort 70

4

Vorwort

Liebe Networker, liebe Vertriebler,
bei unseren Recruiting-Tipps handelt es sich um über mehrere Jahre gesammelte Strategien und Vorgehensweisen, die wir allesamt persönlich und erfolgreich in der Praxis ausprobiert haben und von deren Gelingen wir fest überzeugt sind.

Sehen Sie unsere Ideen als Inspiration für Ihr eigenes Tun und lassen Sie sich mitreißen von neuen und erfrischenden Gedanken. Wir wissen mittlerweile aus eigener Erfahrung, dass beim Geschäftspartneraufbau in Vertrieb und MLM nicht nur Fleiß und Arbeit mittel- und langfristig zum Erfolg führen, sondern vor allem Fantasie und Vorstellungskraft sowie die Anwendung von neuen Strategien – manchmal auch von ungewöhnlichen und „bauernschlauen" Strategien!

Gerade beim Rekrutieren und Sponsern von neuen Partnern sind wir jeden Tag und immer wieder aufs Neue gefordert, denn es gibt unheimlich viele Variablen, die über Erfolg und Misserfolg entscheiden können. Der Grat zwischen Triumph und Niederlage ist ziemlich schmal, denn bei der Arbeit mit Menschen gibt es relativ wenige Standards.

Wer die Menschen von heute mit den Strategien von gestern oder gar vorgestern gewinnen will, wird relativ schnell an seine Grenzen kommen. Bleiben Sie deshalb ständig in Bewegung und entwickeln Sie sich mit!

Bitte beachten Sie Folgendes:
Was bei dem einen funktioniert, kann beim anderen wirkungslos bleiben.

Genau das macht das Gewinnen von neuen Geschäftspartnern so interessant und oftmals auch zu einer Herausforderung. Wir haben es bei Menschen immer wieder mit vollkommen verschiedenen Persönlichkeitstypen zu tun, Lebensumstände sind niemals gleich, Ort und Zeit einem schnellen Wandel unterlegen, und das, was gestern noch funktioniert hat, ist heute schon Schnee von gestern oder umgekehrt.

Deswegen müssen wir immer wieder „unsere Säge" schärfen, über den Tellerrand hinausblicken und vor allem in der Praxis *tun* und ausprobieren, was zu uns passt!

Und es gibt noch einen sehr wichtigen Aspekt, vielleicht sogar den wichtigsten, den Sie sich bei Ihrer Arbeit immer wieder vor Augen halten müssen.

Beim Rekrutieren und Sponsern entscheidet nicht die angewandte Methode darüber, ob etwas funktioniert oder nicht, sondern der- oder diejenige, die sie kontinuierlich und mit Überzeugung anwendet.

Wir wünschen Ihnen von ganzem Herzen, dass Sie mit unserer Hilfe eine Recruiting-Strategie finden, die zu Ihnen passt, mit der Sie sich identifizieren können und die Sie erfolgreich im Tagesgeschäft anwenden werden!

Kontaktstark grüßt Sie Ihr REKRU-Tier
Tobias Schlosser

Messen: Geheimwaffe oder hübscher Zeitvertreib?

Zuerst möchte ich mal meine persönliche Meinung zum Thema dieses Bandes kundtun und ein wenig von meinen Eindrücken weitergeben, die ich speziell beim Besuch von Messen erhalte.

Sicherlich hat jeder Aussteller eine andere Strategie, um im Rahmen einer Messe auf sich, seine Produkte und seine Geschäftsidee aufmerksam zu machen. Aber fast unsichtbar hinter seinem Stand zu sitzen, Hunderte von Menschen vorbeirennen zu lassen, während die Aussteller links und rechts wahre Menschentrauben um sich versammeln, und es tatsächlich hinzubekommen, dass selbst Besucher, die sich eigenmotiviert für Produkte und Exponate interessieren, unverrichteter Dinge weiterziehen – das ist für mich keine Strategie, sondern das ist schlicht und ergreifend ein „Trauerspiel".

Ich stelle mir immer die Frage, was ich tun würde, wenn ich der Chef eines dieser Standbetreiber wäre und diese bei mir angestellt wären. Die Antwort ist relativ schnell gefunden: Ich würde wahrscheinlich sieben von zehn mit sofortiger Wirkung entlassen. Jawohl, ich würde sie rausschmeißen, weil man bei

Bei manchen Kollegen
kann man am Stand
sogar Produkte oder
Werbematerial in die
Hand nehmen, und was
passiert?

NICHTS!

den meisten den Eindruck bekommt, dass sie sich nur auf Messen herumtreiben, weil Sie Zeit und Geld verschwenden wollen!

Warum ich in dieser Angelegenheit eine so intensive Meinung vertrete, erkläre ich an dieser Stelle natürlich auch gerne.

Auf jeder Messe, auf der ich zu Besuch bin, mache ich diverse Standtests. Das sieht so aus, dass ich mich offenkundig in der unmittelbaren Nähe eines Standes rumtreibe oder zumindest interessierte Blicke auf Produkte und Messestand werfe, meistens nehme ich auch Blickkontakt mit dem Standpersonal auf. Die Reaktion darauf ist größtenteils:

Nichts!

Mehr noch, bei manchen Kolleg(inn)en kann man sogar Produkte oder Werbematerial in die Hand nehmen, und was passiert?

Wieder nichts!

Selbst wenn man an manchen Ständen mehrfach vorbeigeht, sich fast auf Tuchfühlung am Standpersonal vorbeidrängt und mit flehendem Blick nonverbal kommuniziert: *Bitte sprich mich an, ich habe Interesse!*, passiert:

Nochmals nichts!

Das Einzige, was in den Augen der Standbetreiber zu sehen ist, sind Lethargie und Hilflosigkeit. Und wenn man die Blicke ein wenig zu deuten weiß, liest man den flehenden Satz in den verschüchterten Augen der Kolleginnen und Kollegen: *Bitte, bitte. Komm an meinen Stand und frag mich etwas zu meinen Angeboten!*
Ansonsten sind keine Reaktionen erkennbar, geschweige denn dass man vom Standbetreiber angesprochen oder in irgendeiner anderen Art und Weise motiviert wird, ein wenig zu stöbern, sich mehr Infos zu holen oder Geld auszugeben!

Kurz und gut, an vielen Messeständen sind eher Umsatzverhinderer und Interessentenvergrauler zu finden als engagierte Unternehmer mit gewinnender Aura.

An einem Messestand einer „Nicht-Networkfirma" ist das ja noch nachvollziehbar, denn die Kolleginnen und Kollegen dort sind ja meist Angestellte, für die dieser Tag auf der Messe nicht mehr und nicht weniger wichtig ist als jeder andere ganz normale Arbeitstag.

Nicht aber bei einem Networker. Ich glaube, als Networker/Vertriebler sollte man grundsätzlich erst mal eines in seinen Kopf reinbekommen:
Genauso wenig wie man im MLM ein Ladengeschäft besitzt, in das die Leute eintreten und kaufen, genauso wenig treten die Leute auf einer Messe an Ihren Stand und kaufen oder interessieren sich für eine Zusammenarbeit.

Die traurige Wahrheit ist aber, dass speziell Networker und Vertriebler, die nicht in der Lage sind, auf anderen Wegen neue Interessenten zu besorgen, gerne auf Messen gehen. Und zwar in der Hoffnung, dass sie dort für ein oder zwei Tage ihr „kleines Ladengeschäft" eröffnen können, in das die Leute dann eintreten, begeistert Bargeld oder Kreditkarten zücken und nach Herzenslust shoppen, bis sich die Balken biegen.
Sie glauben, auf einer Messe wäre alles anders und dort würde sich genau *der* Traum erfüllen, der im normalen Tagesgeschäft immer verwehrt bleibt: dass nämlich der Kunde oder zukünftige Geschäftspartner von selbst auf die genialen Möglichkeiten aufmerksam wird, dass er sich von selbst interessiert,

ohne dass man ihn ansprechen muss, und dass die Leute kaufen, kaufen und nochmals kaufen!

Doch die Wahrheit ist eine ganz andere, und die Ernüchterung folgt meistens auf dem Fuße.
Erstens, die Leute kaufen nicht von selbst. Zweitens, die Leute steigen genauso wenig von selbst ins Geschäft ein. Und last but not least sind viele Networker enttäuscht von den Ergebnissen respektive Umsätzen, die aus dem Messeauftritt resultieren.

Die Aussagen, die man oft hört, sind dann die:
- *Na ja, die Leute waren ziemlich zurückhaltend!*
- *Bei den Leuten sitzt das Geld auch nicht mehr so locker!*
- *Unser Stand hatte eine ungünstige Lage!*
- *Es war zu schönes Wetter, die Messe hatte deswegen wenige Besucher!*
- *Der Veranstalter hatte im Vorfeld zu wenig Promotion gemacht!*

Merken Sie was? Die Ausreden, warum die Messe kein „voller Erfolg" war, haben immer nur etwas mit den anderen zu tun – und es ist genauso wie in den meisten Fällen, wo es um Erfolglosigkeit allgemein geht. Es sind immer die anderen schuld oder widrige Umstände, wenn nicht gar höhere Gewalt.

Ich sage Ihnen, wie die eigentlichen Antworten lauten müssten!

- *Wir sind da total planlos hingegangen und haben völlig konzeptionslos einfach drauflosgewurschtelt!*
- *An unserem Stand sind mehrere Hundert Leute vorbeigegangen, manche sogar mehrfach, aber wir haben niemanden aktiv angesprochen!*
- *Wir hatten gar kein richtiges Ziel und haben uns vorab nicht festgelegt. Deshalb haben wir weder Kunden noch Geschäftspartner gewinnen können!*
- *Bei uns hat irgendwie der Entertainmentfaktor gefehlt, die anderen Aussteller haben uns irgendwie total die Schau gestohlen!*

Die frohe Botschaft kommt jetzt: Jeder Erleuchtete hat eine Vergangenheit und jeder Sünder eine Zukunft!

Der Erleuchtete in diesem Falle bin ich selbst, weil ich früher auch zu denjenigen Vertrieblern gehört habe, für die die ersten Messeausflüge eher unbefriedigend endeten. Ich habe am Messestand eher wie ein Faultier „abgehangen", als dass ich eine gute Performance in Bezug auf Ansprache und Kommunikation mit Messebesuchern geliefert hätte.

Aber na ja. Woher soll man denn auch wissen, wie es geht, wenn man selbst niemanden hatte, der einem gezeigt hat, wie man es richtig macht?

Eine wahre Bewusstseinserweiterung in puncto Messeperformance hatte ich, als ich ziemlich am Anfang meiner Vertriebstätigkeit einmal einen Messestand gemeinsam mit zwei sehr erfolgreichen Kollegen betreiben durfte. Ich sage Ihnen, was ich damals erlebt habe, das hat sich für die Ewigkeit in meinen Erinnerungen eingebrannt. Die Arbeit meiner zwei damaligen Mitstreiter glich nämlich der von zwei Vollerntemaschinen in Maximalauslastung, und unser Stand war frequentiert wie die Einflugschneise eines Bienenstocks im Mai! Zeitweise hatte ich eher den Eindruck, dass ich mich auf dem Hamburger Fischmarkt befand als am Stand eines konservativen Finanzdienstleistungsunternehmens. Mehr noch, mich überkam irgendwie das Gefühl, die ganze Messe spielte sich ausschließlich an unserem Stand ab! Einfach Wahnsinn!

Sie müssen sich das Ganze so vorstellen, dass ich kurz nach dem Aufbau unseres Standes erst mal gemütlich einen Kaffee trinken und dann der Dinge harren wollte, die da auf uns zukommen sollten. Aber ich hatte noch nicht mal den Vorschlag zu Ende formuliert, eine kleine Kaffeepause machen zu wollen, da bekam ich schon den Spruch gepresst: *Wir sind doch hier nicht beim Kaffeekränzchen!* Das war dann auch der offizielle Startschuss, und ab diesem Zeitpunkt gab es für die nächsten eineinhalb Stunden keine Gelegenheit mehr, auch nur das kleinste Detail mit den Kollegen zu besprechen, geschweige denn einen Kaffee zu trinken, denn – sie waren ständig im Gespräch!

An diesem Tag wurde mir unmissverständlich klar, dass erstens die „Konjunktur" am Messestand ausschließlich von den Betreibern gemacht wird und von niemand anderem und dass zweitens Kaffeetrinken auf der Messe nicht primär zu den Umsatz produzierenden Aktivitäten gehört!

Wenn ich mir die Messestände von Networkern anschaue, dann sehe ich meistens, so weit das Auge reicht, ausschließlich Stände mit Produkten, Produkten und nochmals Produkten.

Präsentieren Sie nicht nur Produkte, sondern Chancen!

Lassen Sie uns nun eintauchen in eine Messewelt, wie ich sie mir vorstelle, eine Messewelt, in der Networker Kunden gewinnen, oder besser noch zukünftige Geschäftspartner!

Und genau da sind wir schon beim ersten und entscheidenden Punkt! Wenn ich auf Messen unterwegs bin und mir die Stände von Networkern so anschaue, dann sehe ich meistens, so weit das Auge reicht, ausschließlich Stände mit Produkten, Produkten und nochmals Produkten.
Das, was mir meistens fehlt, sind Stände, an denen über Geschäft und Zusatzverdienst gesprochen wird, über Unternehmertum, über ein zweites berufliches Standbein oder über Existenzsicherungsmodelle speziell für Selbstständige und Unternehmer.

Sie merken vielleicht schon, worauf ich hinauswill! Ich stelle mir immer wieder folgende Frage: Wenn man im Network nur durch die Vervielfältigung der eigenen Arbeitskraft an das ganz große Geld kommt, warum berichten dann Networker und Vertriebler auf Messen so wenig von ihren unternehmerischen Möglichkeiten?

Ich glaube, ich kann Ihnen sagen, warum. Weil es in der Tat für den Großteil aller Networker leichter ist, einen Kunden zu gewinnen, als einen neuen Geschäftspartner!

Da unsere Intention bei REKRU-TIER an erster Stelle die ist, Sie zum Thema Geschäftspartnergewinnung zu inspirieren, an dieser Stelle schon mal meine Sicht der Dinge und eine kleine theoretische Milchmädchenrechnung ;-)!

Stellen Sie sich vor, Sie sprechen an einem Messetag 500 Messebesucher auf Ihr Produkt an und reden nicht über die Geschäftsidee! Sie fokussieren sich also ausschließlich auf die Kundengewinnung.

Möglicherweise schaffen Sie es, bei jedem zehnten Angesprochenen Ihr Produkt zu platzieren! Angenommen Sie verdienen 50 Euro pro Kunde und Verkauf, dann sind das 50 Kunden à 50 Euro und damit 2500 Euro Umsatz! Das ist sicher nicht schlecht, aber wenn Sie jetzt kein Aboprodukt haben, welches der Kunde jeden Monat brav weiterbestellt, dann war es das!

Wenn Sie nun hergehen und sich für die Variante Geschäftspartnergewinnung entscheiden, dann sind, da brauchen wir uns nichts vorzumachen, Ihre Quoten ein wenig schlechter, als wenn Sie die Angesprochenen als Kunden für Ihre Produkte gewinnen wollen. Aber bitte bedenken Sie, mittelfristig haben Sie den besseren Profit, weil Sie wieder ein wenig in den Aufbau Ihrer Firma investiert haben, die Sie langfristig ernähren wird.

Wenn man jetzt also hergeht und 500 Messebesucher nicht als Kunden, sondern als zukünftige Partner für die Geschäftsidee anspricht, dann sollten sich folgende Quoten ergeben:

Bei jedem fünften erzeugt man Interesse für eine Zusammenarbeit und erhält nach dem Gespräch die Kontaktdaten. Das bedeutet also, Sie gehen von der Messe mit 100 Adressen und Telefonnummern nach Hause! Aus diesen 100 Adressen sollten sich im Nachgang 70 Termine für eine konkrete Geschäftspräsentation vereinbaren lassen. Wenn jetzt von diesen 70 vereinbarten Terminen wiederum 70 Prozent auch tatsächlich stattfinden, dann sind das 49 Leute, denen Sie Ihr Geschäft konkret präsentieren können. Ob online, mittels einer Live-Präsentation oder im persönlichen Zweiergespräch, vollkommen egal. Wenn Sie eine Gewinnungsquote von nur 1 : 10 haben (ich gehe hier mal vom *worst case*, also dem schlechtesten Fall aus), dann bedeutet das, dass Sie fünf Menschen für eine konkrete Zusammenarbeit gewinnen werden.

Da diese fünf Leute nach Zusage der Geschäftspartnerschaft in der Regel sowieso Kunde werden, haben Sie an der Stelle schon mal 250 Euro verdient. Das ist zwar fürs Erste nur ein Zehntel dessen, was Sie verdient hätten, wenn Sie sich ausschließlich auf Kundengewinnung konzentriert hätten. Allerdings ist im zweiten Falle Ihre Struktur und damit auch Ihre Firma wieder ein wenig mehr gewachsen, weil Sie Ihre Arbeitskraft fünfmal dupliziert haben. Wenn Sie jetzt schlau sind und die Handwerkszeuge der Einarbeitung und Tiefenduplikation, wie im Band 4 unserer MLM-Trickkiste beschrieben, beherrschen, dann sollte es Ihnen doch gelingen, aus diesen fünf Leuten innerhalb von drei Monaten ein kleines Team zu formen und auch deren Arbeitskraft zu multiplizieren.

Je nachdem, mit welchem Produkt Sie arbeiten und wie hoch Ihre Margen und Differenzprovisionen sind, werden Sie möglicherweise erst in Monat zwei, drei oder vier Ihre 2500 Euro Verdienst durch die Umsätze Ihrer Partner generiert haben. Allerdings haben Sie mit Umsetzung dieser Vorgehensweise erfolgreich in die Zukunft investiert und nachhaltig etwas aufgebaut, wovon Sie ab jetzt konstant profitieren, weil diese Geschäftspartner nun kontinuierlich für Umsätze sorgen. Die einen machen mehr, die anderen weniger, aber auf alle Fälle partizipieren Sie schon mal an der Arbeitsleistung anderer Leute und können sagen, dass Ihr Messebesuch zum Wachstum Ihrer Firma beigetragen hat.

Grundsätzlich gibt es nun folgende Strategien für Ihren Messebesuch:

1) **Sie konzentrieren sich darauf, Ihre Produkte zu bewerben und zu verkaufen.**

2) **Sie verkaufen Ihre Produkte, aber ergänzen das durch den Hinweis auf die Möglichkeit der Kostenreduktion durch ein Refinanzierungsmodell.**

3) **Sie konzentrieren sich darauf, Menschen für eine Zusammenarbeit zu begeistern und Geschäftspartner zu gewinnen.**

Wenn Sie wie unter 1) beschrieben vorgehen, verkaufen und empfehlen Sie Ihre Waren/Dienstleistungen und gewinnen ausschließlich Kunden (so machen es die meisten Networker und Vertriebler).

Das Ergebnis sind einmaliger Verdienst und Provisionen. Im besten Falle haben Sie kontinuierliche Einkünfte aus diesen Eigenumsätzen, die allerdings über kurz oder lang abnehmen werden, da Kunden fluktuieren.

Auch bei Strategie Nummer 2 verkaufen und empfehlen Sie Produkte, wie unter Punkt 1 beschrieben. Allerdings kündigen Sie gleichzeitig schon während der Messe die Möglichkeit der Kostenreduktion durch den Einsatz eines cleveren Refinanzierungsmodells an. Dieses Modell wird aus Zeitgründen noch nicht auf der Messe besprochen, sondern im Nachgang bei einem Servicebesuch.

Im Klartext heißt das, der Kunde kauft auf der Messe das Produkt und wird in einem Zweitgespräch ein paar Tage nach der Messe über weitere Möglichkeiten aufgeklärt, die Ihr Geschäftsmodell bietet. Hierbei ist anzumerken, dass es vorerst ausschließlich darum geht, dass Sie eine weitere Chance erhalten, zum Kunden an den Tisch zu kommen. Deshalb ist es wichtig, den Kunden auf der Messe nicht mit irgendwelchem „Karrieregerede" zu nerven und zu sehr zu vereinnahmen, sondern ein wenig strategisch vorzugehen.

Kündigen Sie also zunächst nur an, im zweiten Termin noch ein paar Insiderinfos zum Produkt zu geben und die Möglichkeit der Kostenreduzierung/Refinanzierung zu erklären. Diese zwei Punkte, nicht mehr und nicht weniger. Im Gespräch werden dann logischerweise nicht nur weiterführende Infos zum Produkt und die Möglichkeit der Refinanzierung besprochen, sondern auch Ihr komplettes Geschäftsmodell mit allem Drum und Dran. Denn es ist ja ein Kinderspiel, zu erklären, wie man ein paar Euro mehr verdient, wenn man gerade schon erklärt hat, wie sich die Kosten für das Produkt durch Empfehlung an andere Menschen auf null Euro bringen lassen. Logisch, oder :-)?

Falls Sie wissen möchten, warum man in diesem Fall noch nicht auf der Messe selbst über die Möglichkeiten eines Zusatzverdienstes und der beruflichen Verbesserung sprechen sollte, hat das nur einen Grund: Viele Leute wären damit überfordert, weil sie sich ja in erster Linie für ein Produkt/eine Dienstleistung entschieden haben und nicht für das Thema Geldverdienen. Deshalb würden viele den Zweitbesuch pauschal ablehnen.
Wir merken uns also: Das einzige Ziel muss es sein, nach der Messe ein weiteres Gespräch mit dem Kunden führen zu können.
Nur dann hat man auch tatsächlich die Zeit, die Kraft und die Möglichkeiten, noch mal gezielt Einfluss auf

ihn zu nehmen und ihn für eine konkrete Zusammenarbeit zu begeistern und auch einzuschreiben.

Diese Vorgehensweise, den Kundengewinnungs- und Rekrutierungsvorgang zu trennen und beides in einer strategischen Abfolge abzuarbeiten, funktioniert in der Praxis bestens.
Was nicht so gut funktioniert, ist, über beides gleichzeitig zu sprechen. Networker, die das tun, beenden ihre Gespräche oft recht unbefriedigt, denn Sie haben zwar über alles gesprochen, wegen der fehlenden Konzentration auf ein Ziel aber nichts erreicht. Weder einen Kunden gewonnen noch einen Geschäftspartner eingeschrieben.

Übrigens hat sich die Anwendung dieser „Einen-Schritt-nach-dem-anderen"-Strategie auch unabhängig von Messen bestens bewährt. Die Praxis zeigt nämlich immer wieder, dass es sehr produktlastige Vertriebssysteme gibt, wo die Geschäftspartner gut verkaufen – aus dem Kreis der zufriedenen Kunden werden dort im Nachgang neue Vertriebspartner geworben. Und es gibt sehr recruitingstarke Vertriebe, deren Mitarbeiter besonders gut neue Geschäftspartner gewinnen können. Hier ist es nur zu logisch, dass der gewonnene Vertriebspartner dann auch selbst das Produkt nutzt.

Man kann sich also sehr gut auf *ein* Thema fokussieren. Beides zur gleichen Zeit zu wollen, ist immer ein Spagat, der meistens verwirrt und nur selten gelingt. Recruiting und Verkaufsprozess zu trennen, das wiederum ist eine Strategie, die sich für die meisten Networker und Vertriebler bestens bewährt hat.

Auch bei Strategie Nummer 3 trennen Sie Verkauf und Recruiting, konzentrieren sich aber hier ohne Wenn und Aber auf das Letztere: Sie begeistern die Menschen für eine Zusammenarbeit und gewinnen Geschäftspartner!
Hierbei gilt es anzumerken, dass es erfahrungsgemäß eine echte Herausforderung ist, unter Messebedingungen konkret Leute einzuschreiben und zu einer geschäftlichen Zusammenarbeit zu motivieren. Dafür fehlt schlicht und ergreifend die Zeit. Deshalb macht es Sinn, sich an diesem Tag sehr wohl auf geschäftliche Ansprache festzulegen, sich aber hauptsächlich auf Generierung von Leads (Interessentendaten) zu konzentrieren, welche dann nach der Messe zeitnah und professionell abgearbeitet werden. In der Praxis bedeutet das, die Interessenten werden auf der Messe kurz gepitcht und im Nachgang auf ein persönliches 1 : 1-Gespräch, eine Onlinepräsentation oder eine Live-Geschäftspräsentation terminiert.

Auch auf die Gefahr hin, dass ich mich wiederhole: Ich persönlich würde ausschließlich die Variante 2 oder 3 in der Praxis umsetzen, weil mein erklärtes Ziel Wachstum durch Geschäftspartner ist und nicht die Kundengewinnung. Niemals würde ich Variante Nummer 1 wählen, wohl wissend, dass sie mir kurzfristig mehr Umsatz bringt! Das hat etwas damit zu tun, dass das Wort „Kunde" bei mir gar nicht existiert.

Das ruft zwar bei den meisten anfänglich totale Verwunderung hervor, aber für mich bedeutet Vertrieb Folgendes: Personalgewinnung, Sponsern, Rekrutieren, People-Building, Geschäftsentwicklung und Unternehmensaufbau. **Kunden sind das logische Resultat aus gewonnenem Personal, denn Personal gewinnt Kunden. Umsatz ist somit lediglich ein positives Abfallprodukt, wenn Personal Kunden gewinnt!**
Bitte versuchen Sie mich an der Stelle nochmals zu verstehen. Der Unternehmer partizipiert immer an der Arbeitsleistung anderer. Und denken Sie daran, wer dauerhaft immer nur selbst arbeitet, der hat keine Zeit, Geld zu verdienen!

Auch die Variante 1 ist wie gesagt nicht schlecht, denn sie bringt ja Geld. Allerdings wird sie erst dann richtig gut, wenn ich schon vorab ein Zweitgespräch ankündige, um die Refinanzierung des Produktes zu erklären – und dann sind wir automatisch wieder bei Variante 2.

So weit mal meine Anregungen zur Strategie!

Lieber die Nummer eins auf dem Dorf als die Nummer 123 in der großen Stadt!

Warum Mega-Events für Sie Mager-Events sein können

Bevor man nun seine Messeaktivitäten startet, sollte man sich grundsätzlich auch mal Gedanken machen, auf welcher Art von Messe man präsent sein möchte.

Meine Empfehlung in dieser Angelegenheit heißt: Lieber die Nummer eins auf dem Dorf als die Nummer 123 in der großen Stadt!
Anders ausgedrückt bedeutet das, dass ich persönlich lieber viermal, fünfmal oder noch öfter im Jahr mit einem Stehtisch und einem Sonnenschirm auf einer kleinen, regionalen und überschaubaren Messeveranstaltung oder einem Publikumsevent Präsenz zeigen würde als nur einmal im Jahr mit einem aufwendigen Messestand auf einer Megaveranstaltung.

Auch das mag in erster Instanz verwunderlich klingen, weil ja grundsätzlich jeder davon ausgeht, dass auf einer Megamesse viel mehr Menschen und Möglichkeiten da sind und dass eine viel bessere Frequentierung durch bestimmte Zielgruppen zu erwarten ist. Das ist sicherlich auf den ersten Blick richtig, allerdings ist Ihre Präsenz auf einer großen

Messe immer mit erheblich höheren Kosten verbunden, und die Konkurrenzsituation durch andere Aussteller ist nicht zu unterschätzen. Des Weiteren laufen große Messen viel unpersönlicher ab, und es ist wesentlich schwerer, den Zugang zu den Menschen zu finden, die auf solchen Big Events oftmals mit zu vielen Reizen überladen und dazu ständig kontaktiert und angesprochen werden. Außerdem stehen die Leute auf größeren Messen irgendwie immer unter Zeitdruck, da sie möglichst alles erleben und vieles anschauen wollen. Ich habe den Eindruck, die Atmosphäre ist eher oberflächlich und distanzierter.

Ganz anders auf einem kleinen, überschaubaren Event, so zum Beispiel einer Hausmesse oder einer kleineren Regionalschau. Hier herrscht eher familiäre Stimmung, und die Besucher sind meist auch zugänglicher. Hier können Sie sich leichter einen Überblick verschaffen, und Ihre Arbeitsweise entspricht eher der einer „schnellen Eingreiftruppe".

Das dabei anzuwendende Prinzip ist einfach: Schnell hin, unkompliziert und kostengünstig aufgebaut. Situation schnell überblickt. Zielgruppe mit gutem persönlichen Zugang schnell im Visier und, wenn notwendig, schnell die Strategie geändert.

Die Präsenz auf mehreren kleineren Events bringt Ihnen auch den Vorteil, dass Sie ein besseres Gefühl

für Ihre Verhaltensweisen und für zukünftige Strategien entwickeln können. Man findet hier viel schneller gewisse Routinen, die funktionieren, und kann auch eventuell gemachte Fehler bei der nächsten Messe schneller korrigieren. So hat man die Chance, sich kontinuierlich weiterzuentwickeln!
Wenn man sich konkret vornimmt, einmal im Monat bei einer solchen kleineren Veranstaltung mitzumachen, steht man außerdem nicht unter so enormem Erfolgsdruck, als wenn man einmal im Jahr an einem großen Messe-Event teilnimmt.

So weit, so gut. Ich gehe jetzt davon aus, dass Sie sich für meine oben vorgeschlagene Strategie entschieden und im nächsten halben Jahr pro Monat jeweils eine Teilnahme an einem Messe-Event eingeplant haben.

Sechs Guidelines für Ihren Messeauftritt

Bevor Sie nun in die konkrete Umsetzung gehen, gibt es wie bei allen geschäftlichen Vorhaben auch hierbei noch ein paar grundsätzliche Dinge in Bezug auf Ihre persönliche Einstellung und Vorgehensweise zu besprechen! Deshalb an dieser Stelle meine Guidelines:

1) Für die Messe trainiert man am besten auf der Messe

Sollten Sie eher ein introvertierter Mensch sein und nicht auf andere Menschen zugehen wollen, dann wird Ihnen auch eine Messeteilnahme wenig bringen. Die besten Kontakte und Geschäfte machen immer noch kontaktstarke Persönlichkeiten. Auch und gerade hier, daran hat sich nichts geändert und es wird sich auch nichts daran ändern!

Im Übrigen ist eine Messe (neben Flohmärkten) auch der ideale Ort, um an seiner Kontaktfähigkeit zu arbeiten und seinen persönlichen „Kontaktmuskel" zu trainieren, falls es da noch Defizite geben sollte. Das kann man ganz hervorragend mit dem REKRU-TIER 6-Stufenmodell zum Abbau der Kontaktangst machen (Sie können sich dazu im Internet eine kostenlose PDF herunterladen unter der Adresse: www.rekrutier.de).

Das heißt also, selbst wenn Ihnen ein eigenes Messe-engagement anfänglich noch nicht den neuen Rekordumsatz oder Unmengen an neuen Partnern bringt, so lässt sich doch in der relativ barrierefreien Atmosphäre ideal trainieren, wie man proaktiv auf andere Menschen zugeht, diese in ein inspirierendes Gespräch einbindet oder auch verwickelt, wie der „Straßenfuchs" zu sagen pflegt. Sie können sich zum Beispiel in Storytelling trainieren und Geschichten über Ihre Firma, Ihre Produkte oder erfolgreiche Geschäftspartner erzählen.

Sollten Sie selbst noch nicht so weit sein, einen eigenen Stand zu betreiben, dann machen Sie es wie ich am Anfang. Klinken Sie sich doch ganz unkompliziert bei ein paar befreundeten Vertriebspartnern aus Ihrem Partnerunternehmen ein und bieten denen kostenfrei Ihre Unterstützung an einem solchen Messetag an. Das heißt, Sie arbeiten einen Tag für jemanden anderen, lernen ein bisschen und schauen erst einmal, wie der Hase läuft. Wenn Sie dann wissen, was alles funktioniert und was nicht, und wenn Sie sich sicher in Bezug auf Ansprache und Kontaktverhalten sind, machen Sie einen eigenen Messestand.

2) Sie nehmen sich, was Sie brauchen!

Das bedeutet, Menschen kommen mit Sicherheit nicht immer zu Ihnen an den Stand, sondern Sie müssen sich eine Strategie ausdenken, wie Sie die Menschen zu sich an den Stand locken! Wenn der Prophet also nicht zum Berg kommt, dann kommt der Berg halt zum Propheten. Hier ist geistige Flexibilität gefragt, schnelles Umdenken und ein gutes Pfund Aktionismus.

Wenn also niemand kommt, dann müssen Sie die Leute zu sich an den Stand holen – oder besser noch, wenn niemand da ist, den Sie zu sich holen können, dann gehen Sie doch einfach zu den anderen Ständen. Vielleicht machen Sie so eine Art Antrittsbesuch unter „Messenachbarn", um mit den anderen Standbetreibern ein wenig zu plauschen und sich bekannt zu machen?

Bitte verraten Sie es nicht weiter, aber bei den meisten ist sowieso nichts los am Messestand und sie sind froh, wenn mal jemand auftaucht, mit dem man ein wenig quatschen kann. So ganz nebenbei können Sie den anderen Ausstellern bei Ihrem „Vorstellungsbesuch" eine Produktprobe in die Hand drücken oder ein paar Infoflyer persönlich verteilen. (Merke: Persönlich verteilen heißt auch persönlich verteilen, und optimal wäre es, noch ein klein wenig dazu zu kommunizieren. Bitte nicht verwechseln mit stapelweise Flyer irgendwo auslegen, in der Hoffnung, sie könnten mitgenommen werden.)

Auf die Idee, andere Standbetreiber zu besuchen, bin ich übrigens gekommen, als ich zwei befreundete Networkerinnen auf einer Messe besuchte. An diesem Tag war irgendwie total tote Hose. Wir standen über 30 Minuten zusammen und haben uns nett unterhalten, aber in dieser halben Stunde kam gerade mal ein Dutzend Leute vorbei, und die Stimmung war alles andere als euphorisch. Umsatz ging übrigens überhaupt keiner. Auch bei den anderen circa 25 Standbetreibern war nicht viel los, und da kam meinem rast- und ruhelosen Hirn die zündende Idee der „Hausbesuche"!

Eine der Kolleginnen blieb am Stand, und die andere machte sich einfach mit ein paar Produktproben und Flyern bewaffnet auf den Weg, um Gutes zu tun. Ich sagte zu ihr: *Eh du jetzt hier rumstehst und die Zeit ungenutzt verstreicht, kannst du auch zu jedem der anderen Stände hingehen und einen fünfminütigen kollegialen Besuch machen, oder?*

Das Ende vom Lied war, dass sie nach etwas mehr als eineinhalb Stunden mit einem strahlenden Lächeln auf den Lippen zurückkam.

Sie berichtete mir, sie habe es leider nicht geschafft, allen 25 Ständen einen Besuch abzustatten. Sie war lediglich an zwölf Ständen, hatte sich hier und da ein wenig verquatscht, und wie es der Teufel so will, sage und schreibe drei Interessenten für ihr Produkt und eine Interessentin für ihre Geschäftsidee gewonnen.

Was lernen wir daraus?

Wenn also viel los ist auf der Messe, dann kann man die anderen Stände besuchen, um sich selbst vorzustellen. Wenn nicht viel los ist, dann *muss* man!

Es wäre doch fatal, wenn man nicht zumindest die Gelegenheiten nutzen würde, die eh schon da sind. Mir fällt dazu nur ein: „Schnitze das Holz, das dir gegeben!"

Die einzige Frage, die ich mir im Nachhinein gestellt habe, war: Warum war ich es, der auf diese Idee kommen musste, und warum waren die Kolleginnen, stellvertretend für so viele Unternehmer, zu kurzsichtig, um diese Chance selbst zu sehen?
Keine Ahnung – ich bin froh, dass wir das gemeinsam umgesetzt haben!

3) Lieber einmal angeeckt als null erreicht

Sicherlich sind Stil und Niveau bei der Kommunikation mit Messebesuchern das A und O. Allerdings bringt es Ihnen rein gar nichts, wenn Sie zwar mit „Stil und Niveau" hinter Ihrem Stand stehen, aber aus Angst, dass Sie zu aufdringlich sein oder etwas falsch machen könnten, niemanden kontaktieren. Ich sage Ihnen:

Selbst wenn einmal ein Messebesucher mit Ihrer proaktiven Vorgehensweise nicht klarkommt, dann ist das allemal besser, als wenn Sie gar keine Kontakte machen.

Bedenken Sie also: Wenn Sie Leute ansprechen, ist immer mal einer dabei, der das nicht mag, allerdings gibt es wesentlich mehr, die gerne kommunizieren möchten, wenn die Ansprache gut gemacht ist.

Zu guter Letzt stellen Sie sich in Bezug auf Ihr Kontaktverhalten immer die Frage, als was Sie den Leuten im Gedächtnis bleiben wollen: als der oder die, die es allen recht machen und niemandem zu nahe treten wollte, deswegen logischerweise auch keinen Umsatz gemacht und keine Interessenten gewonnen hat? Oder als der oder die, die einem von zehn Messebesuchern wegen ihres proaktiven

Kontaktverhaltens aufdringlich erschien, aber trotzdem Geld verdient und Interessenten gewonnen hat, weil sie mit den anderen neun gute Gespräche führte?

Aus heutiger Sicht würde ich mich für den zweiten Weg entscheiden. Lieber hat sich das Ganze für mich gelohnt und ich habe einen verärgert, als dass ich nichts verdient und es allen recht gemacht habe!

4) Der Speck, mit dem Sie Mäuse fangen

Es gibt nichts Schlimmeres, als „wie ein Heimkind" rumzustehen und Zeit zu vertrödeln. Legen Sie deshalb schon vorab fest, mit welchen Strategien und/oder Instrumenten Sie die Leute dazu bewegen, an Ihrem Stand „Halt zu machen".

Hierfür gibt es die unterschiedlichsten Möglichkeiten. Je nachdem wie kommunikativ Sie sind, kann es Sinn machen, den geraden Weg z.B. über die Direktansprache zu gehen oder aber eher „über die Hintertür" einzusteigen, etwa durch das Verteilen von kleinen Geschenken oder dadurch, dass Sie Komplimente machen. Clever wäre es natürlich auch, ein breites Repertoire zu nutzen, um verschiedene Zielgruppen und Persönlichkeiten anzusprechen.

5) Vor- und Nachbereitung sind Chefsache

Beides ist nicht mehr und nicht minder wichtig als die Arbeit auf der Messe selbst! Unter einer cleveren Vorbereitung verstehe ich unter anderem eine bestimmte Aktivität, die von kaum einem Networker in der Praxis umgesetzt wird. Wahrscheinlich auch deswegen, weil man gar nicht daran denkt. Ich selbst würde mich nämlich niemals nur auf den Ausrichter der Veranstaltung verlassen, sondern ich würde selbst für zahlreiche Besucher und Publikum sorgen. Um die Konjunktur am Messestand zu erhöhen, würde ich alle Menschen, die ich schon mal im persönlichen Gespräch hatte, aber noch nicht für das Geschäft gewinnen konnte, auf die Messe einladen. So nach dem Motto: „Hey, mein Freund, am Sonntag ist dort und dort Messe und ich bin auch am Start. Es gibt einen Prosecco, komm doch vorbei – ich freu mich auf deinen Besuch." (Übrigens sollte es bei Ihnen am Stand immer ein Glas Prosecco oder Ähnliches geben. Diese Investition nicht zu tätigen, wäre schlichtweg geschäftsschädigend ;-)!)

Selbst Kontakte, bei denen es noch nicht geklappt hat, sie mal auf eine Geschäftspräsentation zu holen, würde ich auf die Messe einladen.

Der Hintergrund ist der, dass es vielen zu verbindlich ist, auf ein persönliches Gespräch oder eine Geschäftspräsentation zu kommen. Aber mal auf einer

Wenn Sie es fertigbringen, dass an Ihrem Messestand „was los ist", ist es bald von selbst so weit, dass dort „der Bär tobt"!

Messe vorbeizuschauen, das können sich viele vor-stellen, weil es eben unverbindlich ist.

Und zu guter Letzt würde ich auch alle Teampart-ner mit ihren Familien als Besucher auf die Messe einladen. Das Schlimmste, was passieren kann, ist, dass Sie die Lebenspartner Ihrer Teampartner mal persönlich kennenlernen und Ihre Leute danach mo-tiviert sind, auch mal so einen Messestand selbst zu machen.

Promoten kann man eine solche Messe im Vorfeld
- über Eventeinladungen in sozialen Netzwerken
- über die Versendung eines Newsletters an beste-hende Kunden und Teampartner
- über ein Mailing
- oder, besser noch, über eine persönliche Einla-dung per Telefon.

Wenn jetzt zusätzlich noch ein paar Leute aus Ihrem Team weitere Bekannte auf die Messe einladen, dann wird an Ihrem Messestand richtig was los sein.

Wenn Sie nun ein paar „bekannte" Gäste an Ihrem Stand haben, wird das wieder andere Menschen an-locken.

Denn es gibt eine psychologische Regel: Wo sich Menschen tummeln und wo was los ist, kommen auch gerne neue dazu. Wo niemand ist, ist es auch schwer, jemanden hinzubekommen. Unter diesen genannten Gesichtspunkten wird die Messe zum perfekten Tool, um neue Partner und Kunden zu gewinnen und bestehende und deren Familien noch intensiver an sich zu binden!

Was die Nachbereitung, insbesondere das Abtelefonieren der auf der Messe gewonnenen Interessenten für Geschäft oder Produkt betrifft, so möchte ich Sie dazu motivieren, das so schnell, wie es überhaupt geht, selbst zu tun!

In dieser Aussage steckt eigentlich schon der Kern dessen, was ich rüberbringen möchte. Erstens: Delegieren Sie bitte diese Arbeit nicht an Geschäftspartner oder Callcenter, die keinen Bezug zu Ihren neuen Interessenten haben, und zweitens: Lassen Sie die Adressen nicht erst zwei oder drei Wochen liegen, bevor Sie sich bei den Leuten melden.

Die Devise bei der Nachbereitung muss lauten: Schmiede das Eisen, solange es heiß ist!

6) Eine einzige Messe ist wie gar keine Messe!

Soll heißen, dass es auf keinen Fall repräsentativ ist, wenn Sie nach der Teilnahme an nur einer Veranstaltung Entschlüsse bezüglich Ihrer zukünftigen Aktivitäten fassen. Ich spreche diese Thematik deshalb an, weil mir oft Aussagen zu Ohren kommen wie *Messen sind nicht das Richtige für uns!, Das hat sich für uns nicht gelohnt!* oder *Da waren nicht die richtigen Leute!* Und das, nachdem gerade mal das erste Event stattgefunden hat.

Optimalerweise würde ich Ihnen anraten, sich jeden Monat an einem Event zu beteiligen und auf ein Jahr mindestens zwölf Messeveranstaltungen durchzuziehen. Erst dann sollten Sie eine Entscheidung bezüglich Ihrer weiterführenden Engagements dieser Art treffen.

Der Grund dafür ist, dass Sie mit nur einem oder wenigen Events tatsächlich Glück oder Pech haben können. Die Wahrscheinlichkeiten sind noch nicht auf Ihrer Seite, denn manche Messen laufen echt super, andere wiederum kann man getrost unter Zeitverschwendung verbuchen. Was Sie brauchen, sind ein paar unterschiedliche Messen, um überhaupt ein Gefühl dafür zu entwickeln.

Die Fragen, die Sie sich stellen müssen, sind folgende:
- Auf welcher Messe kommen Sie selbst gut klar?
- Wo fühlen Sie sich wohl, wo eher deplatziert?
- Wo und wann war Ihre optimale Zielgruppe unterwegs?

- Wo waren Sie mit den Rahmenbedingungen zufrieden, wo eher nicht?

Nach nur einem Event sind diese Fragen gar nicht zu beantworten, geschweige denn dass Sie sich in Bezug auf Strategie, Kontaktverhalten, Standkommunikation und Nachbearbeitung von Kontakten von Veranstaltung zu Veranstaltung positiv weiterentwickeln und schlussendlich zum Messeprofi werden können.

So entstehen die Menschen-
trauben an Ihrem Stand

Da es erfahrungsgemäß der größte Engpass ist, die Leute auf Messeveranstaltungen „zum Stehen" zu bringen, Interesse zu wecken, an den Stand zu holen und ein Gespräch einzuleiten, möchte ich mich dieser Thematik etwas intensiver widmen und Ihnen meine Gedanken dazu mitteilen.

Zu schnell zu nah dran zu sein, ist nicht immer gut. Mir ist vollkommen klar, dass Sie gerne über Ihre Produkte und Möglichkeiten berichten wollen. Bedenken Sie allerdings bitte eines: Genauso wie es bei der telefonischen Terminvereinbarung lediglich darum geht, einen Termin zu erhalten, und nicht darum, am Telefon zu beraten, zu präsentieren oder zu verkaufen, **geht es auf einer Messe im ersten Schritt darum, die Aufmerksamkeit zu gewinnen und den Messebesucher an den Stand zu bekommen.**
Das heißt im Klartext, dass Sie sich durchaus mal Gedanken machen können, ob Sie den Messebesucher erst einmal über einen „Umweg", der gar nichts mit Ihrem Business zu tun hat, anlocken und erst wenn Sie seine Aufmerksamkeit haben, mit Ihrem eigentlichen Anliegen weitermachen.

Über die Gier der Kinder gewinnen Sie die Aufmerksamkeit der Eltern!

Ein Beispiel zum besseren Verständnis ist die Anwendung unseres 6-Stufenmodells bei der Direktansprache (siehe auch S. 34).

Hierbei gehen Sie ebenso einen kleinen „Umweg", indem Sie einen Passanten erst einmal darum bitten, ob er Ihnen ein nettes Café empfehlen kann. Erst wenn das geschehen ist und Sie eine befriedigend gute Gesprächsbasis haben, können Sie mit einem Lob oder Kompliment im Gespräch fortfahren, um dann auf Ihr eigentliches Anliegen, nämlich Ihre Geschäftsidee, zu kommen.

Variante 1)
Süßigkeiten für Kinder

Messen werden oft auch von Familien mit Kindern besucht, für die dieser Ausflug nicht immer zu den Dingen gehört, die sie besonders mögen. Oftmals langweilen sie sich zu Tode oder sind vom „Herumgelatschte" ihrer Eltern etwas überfordert.

Machen Sie sich doch diesen Umstand zunutze. Kinder lieben Abwechslung und sind meist hocherfreut, wenn der triste Messealltag plötzlich von einem netten Onkel oder einer netten Tante mit einem Lutscher oder ähnlichem begehrten Naschwerk versüßt wird. Vielleicht denken Sie in diesem Zusammenhang mal an den Spruch „In die Betten der Töchter gelangt man sehr sicher über die Herzen der Mütter". In unserem Falle läuft es sozusagen andersherum: Wir erlangen die Aufmerksamkeit der Eltern über die „Gier" der Kinder.

Nachdem Sie dem Kind etwas Süßes gereicht und ein klein wenig Spaß mit ihm gemacht haben, können Sie dann versuchen, die Eltern, oder besser noch den favorisierten Elternteil, konkret mit einer interessanten Pitch in ein Zweier- oder Dreiergespräch zu verwickeln!

ⓘ **Und so könnte es funktionieren:**

💬 *Was können wir denn nun noch für die Eltern Gutes tun?*

💬 *Dürfen wir Ihnen einen Weg zeigen, wie Sie künftig noch mehr freie Zeit für Ihre Kinder haben?*

💬 *Ist es eher interessant für Sie, Geld beim Einkaufen zu sparen, oder dafür zu sorgen, dass monatlich mehr reinkommt?*

💬 *Wäre es interessant für Sie, selbst weniger zu arbeiten und mittelfristig mehr zu verdienen?*

💬 *Dürfen wir Ihnen helfen, Ihre Urlaubskasse zu füllen oder den Traum vom eigenen Häuschen zu verwirklichen?*

💬 *Wäre es interessant für Sie, die nächste Gehaltserhöhung bei sich selbst zu beantragen?*

💬 *Gehören Sie zu den Menschen, die im Leben noch Träume und Wünsche haben …?*

💬 *Gut aussehen und Geld verdienen, wie hört sich das für Sie an?*

💬 *Wollen Sie Ihren neuen Traumberuf kennenlernen, oder würden eher noch 500 monatlich zusätzlich auf Ihr Konto draufpassen?*

💬 *Würden Sie gern Ihr Traumauto zum Nulltarif fahren oder lieber den Urlaub auf Firmenkosten abrechnen?*

Variante 2)
Attraktionen

Immer wenn ich meinen Blick durch Messehallen wandern lasse, stelle ich fest: Am meisten ist an den Ständen los, an denen das beste Entertainment zu finden ist. Irgendwie tummeln sich die Leute immer dort, wo Musik ist, wo irgendetwas dargeboten wird oder wo etwas Außergewöhnliches zu sehen ist.

Das Geheimnis ist also:
Je mehr du in der Lage bist, eine gute „Show" zu liefern, desto größer ist die Wahrscheinlichkeit, dass sich die Leute an deinem Stand versammeln.

Ich denke in diesem Zusammenhang gerne auch an Verkäufer von Putzmitteln, Gurkenhobeln oder Autopflegeprodukten, die teilweise bei ihren Vorführungen einen so guten Entertainmentgehalt bieten, dass sogar Fußgängerzonen von Millionenstädten mit Menschentrauben verstopfen, wenn sie ihre Produkte hollywoodreif anpreisen.

Nachfolgend ein paar Ideen, wie auch Sie für ein gutes Entertainment sorgen können. Es besteht entweder die Möglichkeit, selbst für Aufmerksamkeit zu sorgen, oder aber, sich entsprechend unterstützen zu lassen. Auch ist durchaus mal zu überlegen, ob man sich ein oder zwei Hostessen für diesen Tag als Unterstützung nimmt, denn eine gut aussehende Frau hat noch keinem Messestand geschadet. Wenn das Geld für die Bezahlung von Hostessen nicht ausreicht, gibt es mit Sicherheit eine fesche Nachbarstochter, die an diesem Tag gerne für ein wenig Handgeld aushilft.

Zu bedenken ist auch auch hier: Die Attraktion muss nicht unbedingt etwas mit Ihrer Dienstleistung zu tun haben. **Wichtig ist nur, dass Ihre Attraktion die Menschen wie magisch anzieht und zum Verweilen ermuntert.**

Das wiederum ist die Basis für nachfolgende Gespräche.

Hier meine Ideen:

1) Ziehen Sie sich Ihren besten Anzug bzw. Ihr bestes Kostüm an, setzen Sie sich auf den Fußboden vor Ihrem Stand und stellen sie ein großes Schild vor einem Hut mit Ihren Visitenkarten auf. Die Aufschrift auf dem Schild lautet: *Bitte bedienen Sie sich, ich bin reich:-)!* Zusätzlich können Sie sich noch ein paar 500-Euro-Scheine aus Ihrer Brusttasche hängen lassen.

Diese Strategie ist etwas polarisierend, weil ja jeder nur den Bettler kennt, der in der Fußgängerzone sitzt und Geld „schnorrt". Aber genau deswegen funktioniert sie hervorragend – die meisten haben noch nie einen reichen Menschen gesehen, der in dieser Form etwas „verschenkt". Unterstützend empfiehlt sich hier die Zusammenarbeit mit einem Kollegen/in, der/die den

Messebesuchern, die wissen wollen, wie so was funktioniert bzw. was es damit auf sich hat, entsprechend „abholt" und ihnen Infos zukommen lässt.

2) Stellen Sie leere Produktverpackungen, Schachteln, Dosen oder Büchsen an Ihrem Stand auf und veranstalten Sie, ähnlich wie auf einem Jahrmarkt, ein Zielwerfen! Bei jedem, der die leeren Umverpackungen Ihrer neuen Top-Produkte „abgeräumt" hat, stehen die Chancen gut, dass Sie mit ihm auch darüber reden können, was es damit auf sich hat.

Achten Sie darauf, dass es möglichst laut ist, feuern Sie die Werfer an. Dort, wo es laut ist oder in irgendeiner Form ein Wettbewerb läuft, sammeln sich innerhalb kürzester Zeit auch andere Menschen als Zaungäste, weil sie neugierig sind oder selbst mitmachen möchten!

3) Lassen Sie sich Visitenkarten machen, die aussehen wie Geldscheine. Wenn Sie zum Beispiel einen 500-Euro-Schein dreimal falten, hat er die Größe einer Visitenkarte. Verteilen Sie ein, zwei oder vielleicht drei dieser „Geldscheine" auf dem Boden vor Ihrem Stand und warten Sie mal ab, was passiert. Oft bücken sich Menschen da-

nach, weil sie denken, dass es echtes Geld ist, das jemand verloren hat. Mit dem Spruch *Sie interessieren sich für Geld? Dann sollten wir uns unbedingt kennenlernen!* wird Ihnen ein perfekter Gesprächseinstieg gelingen. Selbst die Mehrheit der Menschen, die sich nicht danach bückt, wird in jedem Falle verwundert sein oder in irgendeiner Form nachfragen, warum bei Ihnen so viel Geld am Boden liegt.

4) Die gleiche Strategie wie mit den „Geldscheinen" können Sie mit dem Imitat eines Goldbarrens verfolgen. Diese Imitate gibt es im Internet zu kaufen, sie kosten nur ein paar Euro. Ein oder mehrere Barren an oder vor Ihrem Stand am Boden werden garantiert dafür sorgen, dass sich Menschen für das interessieren, was Sie tun oder was es mit den Barren auf sich hat. Ich kann das aus eigener Erfahrung sagen, denn ich habe schon einige meiner Direktkontaktcoachings mit solchen Goldbarren durchgeführt – und glauben Sie mir, wenn Sie sich Ihren Mund nicht gerade zukleben, sind Sie dazu verdammt, Ihre Story zu erzählen. Der Barren steht in diesem Zusammenhang logischerweise als Synonym für die Karriere in Ihrem Partnerunternehmen oder das Geld, das man bei Ihnen verdienen kann.

Variante 3)
Gewinnspiele, Tests

So etwas ist immer ein Garant dafür, dass Sie Menschen an Ihrem Stand versammeln. Das Entscheidende ist allerdings, sich etwas wirklich Tolles einfallen zu lassen. Denn mittlerweile weiß jedes Kind, dass mit dem Gewinnspiel fast ausschließlich Adressen/Daten gesammelt werden sollen, um den Teilnehmern danach etwas zu offerieren oder zu verkaufen.

Sollten Sie also erwägen, ein Glücksrad aufzustellen oder den Wert/Gewicht eines Einkaufskorbs schätzen zu lassen, dann seien Sie sich dessen bewusst, dass das immer noch besser ist als gar nichts, allerdings nicht mehr zu den innovativsten Varianten gehört! Als Alternative könnten Sie sich zum Beispiel ein Quiz oder einen Multiple-Choice-Test zu Ihrem Produkt oder besser noch zu Themen wie Karriere/Zusatzverdienst/Existenzgründung/Persönlichkeit oder Ähnlichem einfallen lassen.

Variante 4)
Vorführungen, Produkttests, Bewirtungen, Verkostungen

Bei dieser Vorgehensweise nutzen wir den schier unersättlichen Drang der Menschen, immer und überall Ihren Senf dazugeben zu wollen.

Ihre Meinung ist uns wichtig! oder *Dürfen wir um Ihre Einschätzung bitten?* sind wahrhaft magische Sätze, mit denen Sie an das Ego und die Sach- und Fachkompetenz der Leute appellieren (und zwar unabhängig davon, ob diese Kompentenz tatsächlich vorhanden ist oder nicht). Mit diesen Worten können Sie nahezu jeden zum Verweilen einladen.

ⓘ Tipp

Wer sich zu diesem Thema inspirieren lassen möchte, der kann sich ja gerne mal in einer Fußgängerzone von einem Marktforschungsinstitut wegen eines Produkttests ansprechen lassen und dort mögliche Strategien für seinen eigenen Messebesuch modellieren. Spätestens wenn Sie selbst mal bei drei verschiedenen Tests mitgemacht haben, wissen Sie, wie so etwas professionell funktioniert, und haben mit Sicherheit auch ein paar Fragebögen (fotografieren Sie die einfach mit Ihrem Smartphone ab) ergattert, die Sie auch für Ihr eigenes Vorhaben nutzen können.

Eine Verkostung oder auch Bewirtung hat zudem noch einen weiteren Vorteil. Vorausgesetzt dass Ihr Produkt lecker schmeckt oder sofortige Wirkung zeigt, haben Sie einen weiteren Vorteil auf Ihrer Seite, denn: ***Wer einmal dran geleckt, der weiß, wie es schmeckt!***

Wir können uns um Kopf und Kragen quatschen und den Interessenten kiloweise Infomaterial mitgeben, das alles hat aber nicht annähernd den Effekt, als wenn jemand selbst eine positive Erfahrung macht!

Dieses Zitat erklärt ziemlich eindeutig, worauf es ankommt. Menschen sind sehr einfach gepolt, sie sind am leichtesten zu überzeugen, wenn sie Resultate am eigenen Leibe spüren oder erleben können. Kurz und gut, damit ist gemeint, dass wir uns um Kopf und Kragen quatschen und/oder den Interessenten kiloweise Infomaterial mitgeben können, das alles hat aber nicht annähernd den Effekt, als wenn jemand selbst eine positive Erfahrung macht! Egal welche Produkte und/oder Dienstleistungen Sie anbieten, Ziel muss es sein, dem Interessenten schon beim Probieren ein gutes Gefühl oder ein Ergebnis zu verschaffen, einen sofortigen Nutzen zu vermitteln oder ein positives Statement abzugewinnen.

Das wiederum ist die Basis für ein weiterführendes Verkaufs- oder Beratungsgespräch. Oder es wird zur Grundlage dafür, den Interessenten zu motivieren, sich mithilfe dieses tollen Produktes einen guten Zusatzverdienst, ein nebenberufliches Geschäft oder eine unternehmerische Zweitexistenz aufzubauen.

Den Systemnutzen kommunizieren

Auch wenn es um die Karriere oder eine Zusammenarbeit geht, macht es absolut Sinn, die Produkte kurz zu zeigen und die Interessenten von deren Qualitäten zu überzeugen. Allerdings ist es hier notwendig, sich in Bezug auf die Produkte etwas kürzer zu fassen und den Fokus eher auf die Vorteile Ihres Systems zu legen.

ⓘ Merke:

Wenn Sie Kunden gewinnen wollen, müssen Sie Produktnutzen kommunizieren. Wenn Sie Geschäftspartner gewinnen wollen, müssen Sie Systemnutzen kommunizieren und vom schönen Leben „kosten" lassen!

Es ist zwar etwas schwieriger, den Interessenten an einem erfolgreichen und begehrenswerten Leben direkt teilhaben zu lassen, aber mit etwas Einfallsreichtum und Kreativität kann man auch das organisieren.

Hierfür gibt es etwa die Möglichkeit, mit der Vorführung von Filmen/Kurzpräsentationen und audiovisuellen Medien zu arbeiten.

Je nachdem in welcher Firma oder welchem System Sie sich engagieren, könnte der Systemnutzen zum Beispiel folgender sein:

1 Berufliche Zweitexistenz für Angestellte

2 Existenzsicherungsmodell für Selbstständige

3 Keine oder nur sehr geringe Investitionskosten im Vergleich zu anderen Geschäftsmodellen

4 Volksfranchise

5 Favorisiertes Lebensmodell des 21. Jahrhunderts (Leben und Arbeiten charmant kombinieren)

6 Ausbildung und Weiterbildung

7 Fachliche Qualifikation

8 Persönlichkeitsentwicklung

9 Selbstbestimmte Karriere und nahezu unbegrenzte Verdienstmöglichkeiten

10 Passives Einkommen durch wiederkehrende Umsätze

11 Partizipation an der Arbeitsleistung anderer

12 Motivation und Anerkennung durch Dritte

13 Kooperatives Arbeitsklima

14 Neue berufliche Heimat

15 Einzigartiger Geschäfts-/Unternehmensspirit

16 Gleichberechtigtes Geschäftsumfeld für Frauen und Männer

17 Chancengleichheit, unabhängig von Alter, Herkunft, sozialer Stellung, Nationalität, Religion, Hautfarbe

18 Inspirierendes und positives berufliches Umfeld

19 Integration von Lebenspartner und Familie

20 Soziales und karitatives Engagement mit der und durch die Tätigkeit

21 Teilnahme an einem Autoprogramm

22 Diverse geldwerte Vorteile

23 Teilnahme an außergewöhnlichen und interessanten Firmenincentives, an Wettbewerben und vielem anderen

24 Vererbbares Einkommen

25 Sozialplan für Führungskräfte

26 Internationale Geschäfts- und Expansionsmöglichkeit

27 Teamgeist und People-Building

28 Keine vertragliche Verantwortung für Geschäftspartner, weil das Partnerunternehmen Vertragspartner ist

29 Zentrales Backoffice und keine oder wenig administrative Tätigkeiten

30 Zentraler Kundensupport

31 Verkörperung einer bestimmten Wertestruktur

32 Anbindung an bewährte Marken

33 National, international, weltweit umsetzbar

Wenn Sie sich, wie gesagt, darauf spezialisieren, diesen Systemnutzen zu kommunizieren, und genügend „Kostproben" Ihrer außergewöhnlichen Geschäftsmöglichkeit verteilen, dann sind Ihnen die ersten Geschäftspartner schon fast sicher!

Tricks und Tipps zum Gelingen der Messe

1) **Kontakten Sie in einem gemischten Team.** Männer lassen sich gerne von Frauen ansprechen und Frauen wiederum von charmanten Männern. Nutzen Sie die Macht der Emotionen und setzen Sie Ihre Waffen gezielt ein. Legen Sie vorab die Zielgruppen fest und kommunizieren Sie untereinander, wer wen mit welchem Spruch anspricht. Auch die Anwendung einer „Guter Bulle-böser-Bulle-Strategie" und der Einsatz von T-Shirt-Werbung (wie in in den Bänden 2 und 3 unserer MLM-Trickkiste beschrieben) kann auf einer Messe ausgesprochen hilfreich sein.

2) **Nicht zu viele Produkte ausstellen.** Erwecken Sie keinesfalls den Eindruck, als würden Sie einen Kaufmannsladen betreiben. Konzentrieren Sie sich lieber auf ein, zwei, maximal drei Produkte beziehungsweise Ihre Geschäftsidee und inszenieren Sie Ihre Topseller entsprechend. Eine einzelne Produktbüchse, welche Sie mit einem Spot anstrahlen, hat oftmals mehr Charme und Anziehungskraft als ein ganzes Regal voller Tuben, Dosen und Schachteln. Weniger ist oft mehr.

3) **Falls Sie Visitenkarten verteilen, bedrucken Sie diese unbedingt mit der URL einer zielführenden Landingpage.** Entweder Sie offerieren auf dieser Page ein entsprechendes Spezialangebot, stellen kostenlosen Content (E-Book o. Ä.) zur Verfügung, um Newslettereinträge zu generieren, oder ermöglichen dort online den Zugang zu einer kurzen und inspirierenden Geschäftspräsentation!

4) **Jeder Mensch, der Ihren Stand besucht hat, ist ein potenzieller Kunde oder Partner,** selbst wenn Sie ihn beim Erstkontakt noch nicht gewinnen konnten. Deswegen sollten Sie ihm/ihr beim Verlassen des Messestandes unbedingt noch einen Gutschein mit einem unschlagbaren Messeangebot in die Hand drücken. Diese Offerte sollte zeitlich limitiert und wirklich außergewöhnlich gut sein, oder anders gesagt, zu gut, um es nicht zu nutzen (z. B. „80 Prozent Discount", „Kauf eins, bekomm drei" oder „Bei Nichtgefallen doppeltes Geld zurück" oder „Wer sich heute als Partner registriert, spart die Einstiegsgebühr"). Somit werden Sie im Nachhinein noch Menschen zu Partnern und Kunden machen, die Sie auf der Messe nicht „festzurren" konnten!

5) Falls es die Kosten und die Rahmenbedingungen zulassen, **machen Sie vielleicht sogar zwei kleine Stände.** Einen, wo es nur um Produkte geht, und einen, an dem Sie nur die Geschäftsidee vorstellen. So können Sie möglicherweise Produktkunden zum Spezialisten am Stand gegenüber schicken, der dort kompetent die Refinanzierungsidee kommuniziert, und umgekehrt können Menschen, die sich zum Thema Geldverdienen informieren wollen, aber leider nicht „angebissen" haben, gegenüber noch ein „unmoralisches" Messeangebot in Anspruch nehmen, welches über die Einlösung eines Gutscheins zu erhalten ist.

6) Content is King! Machen Sie sich mal Gedanken über die Erstellung eines tollen Flyers oder einer Broschüre, in der Sie wirklich nur nutzen- und gewinnbringende und hochinteressante Inhalte kommunizieren oder kostenfrei Spezialwissen zu Ihrem Thema vermitteln, aber *nicht* über Ihre Produkte oder Geschäftsidee reden. Diese Broschüre kann jeder Besucher Ihres Standes bekommen, der sich zum Beispiel gleich auf der Messe in Ihren Newsletter einträgt oder Fan Ihrer Facebook-Page wird. Wenn Sie wirklich gute und nützliche Dinge verbreiten, dann ist die

Wahrscheinlichkeit groß, dass man Sie positiv im Gedächtnis behält und dass auch eine entsprechende Response auf Ihre Newsletter-oder Facebookaktivitäten kommt. Wir bei REKRU-TIER haben damit sehr gute Erfahrungen gemacht. Wir geben mittlerweile sehr viele Inhalte (z. B. „Die fünf häufigsten Fehler beim Direktkontakt" oder „Die fünf häufigsten Fehler beim Kontaktmanagement") sowohl schriftlich, als Audio, CD oder DVD kostenlos weiter und gewinnen damit Fans. Fans wiederum, die durch unsere kostenfreien Medien Vorteile haben, kaufen im Nachhinein sehr gerne bei uns ein!

7) **Achten Sie im Vorfeld bei der Organisation des Events auf eine clevere Positionierung Ihres Standes.** Es ist eher günstiger, seinen Stand zwischen ein paar „Nicht-Networkern" oder eher „anspracheschwachen" Ausstellern (z. B. Reisebüro) aufzubauen als neben mehreren anderen Vertrieblern, dem Zeitungsaboverkäufer, dem ADAC-Mann oder den Repräsentanten vom Tierschutzbund. Sollten die Messebesucher nämlich an allen drei Ständen links und rechts neben Ihnen angesprochen worden sein, sind das nicht gerade optimale Bedingungen für Sie, wenn Sie dann als Letzter hoch

motiviert die vierte Ansprache innerhalb von fünf Minuten platzieren. Bitte nicht falsch verstehen, ich bin grundsätzlich der Meinung, dass sich die Besten durchsetzen werden, allerdings wird es unter den letzteren Bedingungen nicht unbedingt einfacher.

8) **Der Messestand ist das Schaufenster Ihrer Firma.** In Band 6 der MLM-Trickkiste habe ich erklärt, dass Sie ein guter Repräsentant, besser noch ein Erfolgsrepräsentant Ihres Geschäftes sein sollten, um Menschen für sich und Ihre Geschäftsidee zu gewinnen. Genauso wichtig ist es, dass Ihr Messestand entsprechend das repräsentiert, was Sie aussagen wollen. Entscheiden Sie bitte selbst, wie die Stimmung in Ihrem Unternehmen sein soll und was die Menschen sehen sollen, die durch dieses Schaufenster in Ihre Firma reinschauen!

Nachwort

Ich bin der festen Überzeugung, dass Sie sich mit dem Engagement auf Messen ein weiteres Standbein zur Kunden- und vor allem Geschäftspartnergewinnung sichern. Seien Sie offen und neugierig und integrieren Sie solche Events in Ihre bestehenden geschäftlichen Aktivitäten, ohne sich davon abhängig zu machen.

Gerade wenn es bei Ihnen noch nicht oder aus irgendwelchen Gründen im Moment nicht mehr so gut läuft, kann die erfolgreiche Teilnahme an einer Messe den entscheidenden Startimpuls für neuen Schwung und Wachstum für Sie selbst oder in Ihrem Team bewirken. In diesem Sinne freu ich mich, Sie bald in Höchstform auf einer Messe zu sehen. Setzen Sie den Blinker und wechseln Sie mit uns auf die Überholspur! In diesem Sinne verabschiede ich mich:

Mach's mit, mach's nach, mach's besser :-)!

Ihr Rekru-Tier
Tobias Schlosser

Mehr Erfolg mit den Tools aus unserer Trickkiste!

In der Reihe **REKRU-TIER MLM Trickkiste** außerdem erschienen:

Band 1: Berater kommen lassen – Die Kunst, Menschen antanzen zu lassen. ISBN 978-3-941412-23-1

Band 2: Guter Bulle, böser Bulle – Die Magie der zwei gegensätzlichen Emotionen. ISBN 978-3-941412-26-2

Band 3: Lass dich ansprechen! – Spielend leicht Kontakte gewinnen mit T-Shirt-Werbung. ISBN 978-3-941412-31-6

Band 4: Tiefenduplikation – So machen Sie Ihren Partnern richtig Feuer unter dem Hintern. ISBN 978-3-941412-32-3

Band 5: Geheime Fragetechniken für Networker – So entlocken Sie Ihrem Interessenten ALLES! ISBN 978-3-941412-33-0

Band 6: Repräsentieren hilft beim Rekrutieren – Wie Sie durch ein perfektes Image Ihre Erfolgschancen dramatisch verbessern! ISBN 978-3-941412-38-5

Direktkontakt-Profis aus Leidenschaft ...

Direktkontakt ist eigentlich die natürlichste Art der Kontaktaufnahme von Mensch zu Mensch. Doch warum fällt uns dieser Weg heutzutage so schwer, warum schaffen es nur so wenige, ein großes Network-Marketing aufzubauen?

REKRU-TIER beschäftigt sich seit vielen Jahren mit den Themen **Direktkontakt, Fremdkontakt und Direct Recruiting,** insbesondere **für MLM und Strukturvertriebe.** Ihr Wissen aus über 80 000 Direktkontakten geben die Trainer Rainer Freiherr von Massenbach und Tobias Schlosser in **Workshops, Schulungen / Seminaren** und in ihren **Büchern** weiter.

Die **REKRU-TIER-Methode** begeistert und erweist sich immer wieder als ein unschlagbares Erfolgskonzept.

... unterstützen Sie beim Aufbau Ihres Kontaktnetzwerks

„Sie treffen mit Ihren Buch- und Seminarinhalten den berühmten ‚Nagel auf den Kopf'."

„Ich bin nun seit 30 Jahren aktiv im Vertrieb, Marketing und im Sales-Management vieler internationaler Großkonzerne und habe schon viele Seminare erlebt. Was aber Sie geliefert haben, hat in puncto Praxisbezug, Authentizität und Realität meine Erwartungen bei Weitem übertroffen."

„Man hat Ihnen in jeder Sekunde Ihr Engagement und Ihren Spaß angemerkt, was den Tag noch lebhafter und interessanter machte."

„Ein klasse Seminar. So viele tolle Beispiele und ‚gelebte' Erfahrungen."

„Was ihr beide da auf die Füße gestellt habt, ist der beste Beweis dafür, dass es nix Größeres gibt als eine Idee, deren Zeit gekommen ist."

(Kundenstimmen zu **REKRU-TIER**)

Informieren Sie sich noch heute unter

WWW.REKRUTIER.DE

Networker ohne Vertriebspartner?

Das A und O für jeden erfolgreichen Networker ist es, ein großes Team aufzubauen. In der Praxis oft gar keine so einfache Aufgabe: Wie und wo finde ich die richtigen Leute?

REKRU-TIER hat die besten Ideen dazu für Sie gesammelt und niedergeschrieben.

Sie erhalten komplett kostenlos alle drei Tage per E-Mail einen Tipp, wo/wie und in welcher Situation Sie an neue Geschäftspartner kommen.

Garantiert ist für jeden Networkertyp der ideale Ansatz dabei! Sie brauchen die Ideen nur noch umzusetzen …

Mit uns und unseren Gratistipps kein Thema!

99 TIPPS

TIPPS

WIE SIE AN NEUE GESCHÄFTSPARTNER FÜR IHR MLM KOMMEN

Melden Sie sich an unter
WWW.99SPONSORTIPPS.DE

Bibliografische Information der Deutschen Nationalbibliothek:
Die Deutsche Nationalbibliothek verzeichnet diese Publikation
in der Deutschen Nationalbibliografie; detaillierte bibliografische Daten sind im Internet abrufbar über
http://dnb.d-nb.de

ISBN 978-3-941412-39-2

Impressum:

Verlag:
REKRU-TIER GmbH, München
www.rekrutier.de

Autor: Tobias Schlosser
Titelfoto: © iStockphoto.com/matejmm
Covergestaltung: REKRU-TIER GmbH, München
Lektorat, Innenlayout und Satz: Bernhard Edlmann
Verlagsdienstleistungen, Raubling

2. Auflage

www.ingramcontent.com/pod-product-compliance
Lightning Source LLC
Chambersburg PA
CBHW060644210326
41520CB00010B/1738